Thomas A Edison

トーマス・エジソンの
未来科学リーディング

大川隆法
RYUHO OKAWA

本霊言は、2013年3月7日(写真上・下)、幸福の科学総合本部にて、
質問者との対話形式で公開収録された。

まえがき

宗教法人「幸福の科学」は、その名の通り、「科学」とも縁の深い宗教である。科学を否定していないばかりか、それを先取りしている。警戒しているのは、「科学」の美名《びめい》のもとに、「神」や「信仰」「神秘現象」「宇宙の秘密」を一蹴《いっしゅう》し、「宗教」を過去の遺物《いぶつ》、迷信と決めつけて無視してくる人たちだ。もっと謙虚で、神秘的なものに憧《あこが》れるのが本来の科学者気質でありたいものだ。

本書に登場するトーマス・エジソンは、私が製作総指揮したアニメーション映画「永遠の法」でも霊界でのナビゲーターとして登場した人物だ。好奇心の塊で、不思議大好き人間だ。本書も、読み方次第で、様々な未来産業のヒントを発見できると思う。

もっと寛容な心をもって、未知の世界に挑戦しよう。

二〇一三年　八月二十日

幸福《こうふく》の科学《かがく》グループ創始者兼総裁《そうししゃけんそうさい》　大川隆法《おおかわりゅうほう》

トーマス・エジソンの未来科学リーディング　目次

まえがき　1

トーマス・エジソンの未来科学リーディング

二〇一三年三月七日　トーマス・エジソンの霊示《れいじ》
東京都・幸福の科学総合本部にて

1　「未来産業のヒント」をエジソンに訊《き》く　13
エジソンが「未来産業学部長」だったら、何をするか　13
天才科学者、トーマス・エジソンを招霊《しょうれい》する　16
理系の学部は、まず予算を確保しなくてはならない　17

科学者には「批判や非難に耐《た》える力」が要《い》る　20

2 「偉大《いだい》な発明」に必要なものとは何か　23

発明のもとになるものは「愛」　23

「研究に休みがあってはならぬ」が基本的な姿勢　25

偉大な発明をするには、「炎《ほのお》のように燃える情熱」が要る　27

科学的な面から発展途上《とじょう》国の生活をつくり替《か》える研究を　29

3 日本が取り組むべき「未来産業」へのヒント　32

他国に先駆《さきが》けて「未来に必要なもの」をつくれ　32

「防災と防衛」が三割、「国土の高付加価値化」が七割　34

今後、テロに狙《ねら》われる可能性が高い「海外の日本の工場」　37

国内に産業を呼び戻《もど》して「高付加価値化」を進めよう　38

「宇宙の法」は宇宙進出のニーズをつくるためにも必要　41

「宇宙開発のアイデア」を売って予算を引き出す方法も　43
日本が世界のトップになるには、宇宙開発での巻き返しが必要　44

4　UFOの飛行技術の研究を　47

宇宙人から「技術供与《きょうよ》」を受けるには？　47
宇宙人の設計技師の「想念《そうねん》」に入り込《こ》んで聞き出す手も　52
UFOと同時に「実験用サイボーグ」の開発も必要　53
「ESP研究」とも連動するUFOの開発　54
人間の能力には、まだ「未開発の部分」がある　58
科学者にも「インスピレーションを受ける器《うつわ》」が要る　60
偉大な科学者のルーツは「宇宙人」？　62

5　「霊界科学《れいかいかがく》」のなかに未来がある　64

「霊界を絡《から》めたエネルギー法則」を解明できていない　64

「タイム・マシンの原理」を打ち立てるために必要なこと　68
「未知なるもの」を解明し、世界を広げるのが真の科学　71
幸福の科学大学が「エジソンの指導」を受けるには　73
「宇宙の乗り物についての権威《けんい》」でもある大川裕太《おおかわゆうた》　76
6　「月の裏側」の秘密　81
エジソンは星を渡《わた》り歩く「宇宙の開拓者《かいたくしゃ》」　81
今、「月の裏側」が面白《おもしろ》い　84
〝執念《しゅうねん》〟を持って追究すべき「宇宙人」や「ＵＦＯの原理」　88
7　エジソンの「転生《てんしょう》」について　91
人類光明《こうみょう》化に生きる科学者と、人類を実験材料にする科学者　91
エジソンの魂《たましい》の兄弟の一人を日本に生まれさせてもいい？　95
8　理系人材への期待　100

時代を千年、二千年と先取りする理論を出そう　100
天才を見分けるポイントは「発想の異次元性」　101
「銭《ぜに》食い虫」に見える理系の人にも寛容《かんよう》な環境《かんきょう》づくりを　103
政治分野でも力をつけて「研究予算の確保」を期待　106
霊界の科学者を地上に招聘《しょうへい》して新しい科学文明を開こう　108
「宇宙や霊界を貫《つらぬ》く科学」を開くには科学者の霊感開発を　109
「宇宙」「霊界」「人類の富を増やす未来産業」の開拓が使命　112
アポロ11号船長の霊を呼んで月面の真実を語らせると面白い　113
ＵＦＯの飛行原理には「スイカを上手に運ぶ仕組み」を採用？　116
理系には「富そのものを創造する力」がある　118

9　**「未来科学リーディング」を終えて**　123

あとがき　128

「霊言《れいげん》現象」とは、あの世の霊存在の言葉を語り下ろす現象のことをいう。これは高度な悟《さと》りを開いた者に特有のものであり、「霊媒《れいばい》現象」（トランス状態になって意識を失い、霊が一方的にしゃべる現象）とは異なる。外国人霊の霊言の場合には、霊言現象を行う者の言語中枢《ちゅうすう》から、必要な言葉を選び出し、日本語で語ることも可能である。

なお、「霊言」は、あくまでも霊人の意見であり、幸福の科学グループとしての見解と矛盾《むじゅん》する内容を含《ふく》む場合がある点、付記しておきたい。

トーマス・エジソンの未来科学リーディング

二〇一三年三月七日　トーマス・エジソンの霊示《れいじ》
東京都・幸福の科学総合本部にて

トーマス・エジソン（一八四七～一九三一）

アメリカ合衆国の発明家、起業家。オハイオ州生まれ。電話や白熱電球、直流発電機、蓄音機《ちくおんき》、映画等、生涯《しょうがい》に約千三百もの発明や、改良を行った「発明王」として知られる。ゼネラル・エレクトリック（GE）の設立者でもあり、「天才とは一パーセントのひらめきと九十九パーセントの汗《あせ》である」という言葉が有名である。晩年には霊界《れいかい》通信の研究も行っていた。

質問者

近藤海城《こんどうかいじょう》（幸福の科学大学設立準備室 教務担当局長）

鈴木千尋《すずきちひろ》（幸福の科学大学部長）

小林早賢《こばやしそうけん》（幸福の科学広報・危機管理担当副理事長）

※現在、幸福の科学大学（仮称）は、二〇一五年開学に向けて設置認可申請予定。

［質問順。役職は収録時点のもの］

1　「未来産業のヒント」をエジソンに訊《き》く

エジソンが「未来産業学部長」だったら、何をするか

大川隆法　今日（二〇一三年三月七日）は、幸福の科学にとって、宗教法人化二十二周年の記念日なので、「一般《いっぱん》的な法話《ほうわ》をしよう」と思い、朝から、いろいろと説法《せっぽう》のテーマを考え、「価値の創造」など、マネジメント系統かマーケティング系統の話をするつもりでした。

しかし、「幸福の科学大学の未来産業学部系には、カリキュラムづくりなどにおいて、まだまだヒントが足りないのではないか」とも思い、「未来科学リーディング」を収録することにしました。

この方面は、やや後回しになっていたかもしれません。

今日の収録内容は、後日、本になってもならなくても、どちらでも構わないと思っているのですが、カリキュラムの中身を考えるに当たって、参考になるものが録《と》れればよいと思います。

特に、科学系統に関しましては、少しでも先が見えた者の勝ちでしょう。もし一年先だけでも見えたら、もう勝ちです。

そこで、今日はエジソンを呼んでみようと思っています。未来産業学部のカリキュラムを考える場合、本来ならば、「未来産業学部長の座にエジソンが座《すわ》ったとして、何をするか」などと考えればよいのでしょうから、今日は、エジソンに、「あなただったら、これから何をしますか」というようなことを訊《き》けばよいのではないでしょうか。

本当は、科学者の霊《れい》を何人か呼んで、いろいろと訊いてみたほうがよいと思いますし、偉《えら》い科学者は霊界《れいかい》にたくさんいるのですが、彼らの科学的知識を私が伝え切れない悲しさは、どうしようもありません。いきなり立ち上がって、白板に数式を書き始めたりするのは、私には無理なので、内容はコンセプト的なものにとどまると思います。

ただ、何らかのアイデアは得られるでしょうし、「どういう未来になるか」ということなど、大学側から訊きたいことがあれば、訊いていただいて結構です。

エジソンの発言内容について、私としては十分に責任を取れませんので、そちら（幸福の科学大学）のほうで、内容をよく理解し、使えるか、使えないか、考えてみてください。

予算などについては特に考えてくださらない方《かた》ではないかと推定しています。そういうことは、おそらく科学者の本分ではないのであろうと思うので、「何をつくりたいか」というようなことが思考の中心ではないでしょうか。

天才科学者、トーマス・エジソンを招霊《しょうれい》する

大川隆法　では、呼んでみます。

今回は、霊言《れいげん》という感じではなく、いちおう、「未来科学リーディング」として、未来科学にとって大事なことを中心にし、アイデアというか、ヒントというか、そういうものを拾っていきたいと考えています。

（質問者に）よろしくお願いします。

（合掌《がっしょう》し、瞑目《めいもく》する）

すでに何度か霊言等で登場されていますし（『大川隆法霊言全集 第10巻』〔宗教法人幸福の科学刊〕参照）、当会製作の映画（前掲《ぜんけい》「永遠の法」〔二〇〇六年公

開」）にも登場されました、トーマス・エジソンの霊をお呼びいたしまして、立宗二十二周年の、このよき日に、開校間近い幸福の科学大学の理系学部である、未来産業学部について、その参考になるようなヒントを頂ければ幸いに存じます。

トーマス・エジソンの霊よ。

どうぞ、幸福の科学総合本部に降りたまいて、われらにご教示をお願い申し上げます。

（約十秒間の沈黙《ちんもく》）

エジソン　うん。

理系の学部は、まず予算を確保しなくてはならない

近藤　こんにちは。

エジソン　ああ。こんにちは。

近藤　本日は、尊い機会を賜《たまわ》り、ありがとうございます。

エジソン　（近藤に）君、宗教で理系学部をつくるって、無理なんじゃない？

近藤　（笑）いえいえ。

エジソン　頭のなかに何も入っていないね、みんな。無理だよ。〝真空管〟の研究をしたらいいわ。なかが空《から》っぽでもいいんだから。

近藤　私たちは、宗教と科学を融合《ゆうごう》し、新しい科学、未来産業をつくって、人類に貢献《こうけん》したいと考えております。

エジソン　俺《おれ》は予算を食うから、絶対に、あとでいじめられるわ。

近藤　（笑）

エジソン　理系学部は、すぐ潰《つぶ》されるかもしれない。文系学部に吸収される可能性は極《きわ》めて高いな。

あるいは、（幸福の科学大学の建設予定地には）あれだけの土地があるから、君らは食料増産に励《はげ》まされ、「（大学に隣接《りんせつ》する）精舎《しょうじゃ》と大学の食堂の食料をつくる。これが理系学部です」と言って、農学部に切り替《か》わる可能性も極めて高い。これだと、生産性は高いよな。少なくとも、「食料費では生活費を下げられる」というメリットはある。

機械のほうに手を出そうとしたら、君、予算をまず確保しなければいかんね。ないんだろう?

近藤　これから詰《つ》めてまいりたいと思っております。

科学者には「批判や非難に耐《た》える力」が要《い》る

エジソン　私の話で予算を集めようなんていうのは無理だよ。基本的に、発明家というのは〝詐欺師《さぎし》〟の親戚《しんせき》だからさ（会場笑）。ありもしないものを、いかにも、できるかのように言って、予算を引き出してくるのが手口であるから、できなかったら、刑務所《けいむしょ》行きだよな。できたら、栄誉《えいよ》がさんさんと輝《かがや》くことになっているけど、できない時代が長い。だから、意外と、宗教に関係がないわけでもない。批判や非難に耐《た》える力が非常に大事だな。

近藤 (笑)

エジソン これは科学者の中心概念《がいねん》だな。「不可能だ」「非現実的だ」「非科学的だ」と、いろいろ言い方はあろうけれども、要するに、「やめろ」という声に対して、いかに抗《こう》するか。いかに抵抗《ていこう》するか。そういうことだな。

でも、「文明時代の維新《いしん》である」という意味では、確かに維新ではある。

まあ、何でもいいわ。「基本的に〝詐欺師〟の親戚だ」と思ってほしい。実現する責任はそちらにあるから、私は、しゃべるだけだ。

近藤　ぜひ、お願いします。

2 「偉大《いだい》な発明」に必要なものとは何か

発明のもとになるものは「愛」

近藤　未来科学についてお伺《うかが》いする前に、発明・発見のコツというか、それを生み出すポイントを教えていただければと思います。

エジソン　これにはレベルの問題があるわけよ。いちおう、発明にも悟《さと》りのレベルがあるわけだな。

今、ドクター・中松《なかまつ》先生（発明家）も頑張《がんば》っておられるようだけど、私より発明数が多いわりには、私ほどには尊敬の心が諸国民から起きてこないから、いらだっていらっしゃるように思うが、違《ちが》いはあると思うんだよ。

数だけでもないところがあるからさ。それが、いかに広がって、人類全体の喜び、幸福になって、世界の付加価値の総量を増やしていくか。これに役立った発明は、やはり影響《えいきょう》が大きいね。それがどこまであるかだ。細かいものを発明することは、できるとは思うんだけどな。

だから、本当に、単なる個人的な興味・関心だけでは済まないところがあり、発明のもとになるものとして、「人類に対し、白熱電灯のごとく光を与《あた》えたい！」という希望が必要だな。

そういうものが、やはり要《い》るから、発明のもとになるものは「愛」なんだよ、君。宗教的には「愛」なんだ。広い愛なのよ。

近藤　ありがとうございます。

「研究に休みがあってはならぬ」が基本的な姿勢

近藤　発明をしていく上では、さまざまな困難に遭遇《そうぐう》し、失敗を重ねることになると思うのですが、エジソン先生は、生前、「一パーセントのインスピレーションのためには、九十九パーセントの努力が大事である」というようなことを言われましたし、また、集中力の大切さも実感しておられたと思います。

研究の姿勢や心構えとして、「愛」のほかに大切なことがございましたら、教えていただければと存じます。

エジソン　言い方に気をつけなくてはいけないところがあるな。要するに、「残業代を払《はら》わずに、研究者を働かす」という意味では、しっかりと言っておいたほうがいいとは思うが、研究者が過労死する可能性もないわけではないからな。

理系の研究や実験の場合、途中《とちゅう》でやめてしまうと、翌日、出てきて、もう一回、やろうとしたときには、もう（興が）冷《さ》めていることがあるんだ。だから、乗ってきたら、もう、やめられない。一気にやってしまわないとね。

途中で止《と》めたら、やる気のなくなることがあるんだよ。インスタントラーメンを温めているうちに、麺《めん》が伸《の》びてしまったようになることがあるので、やりたいときに一気にやってしまわないといけない。

そういう意味で、「研究に休みがあってはならぬ」というのは基本だな。それが研究の本質だ。

天上界《てんじょうかい》に還《かえ》れば、基本的に、そういうことになるけどな。休みはないよ。

俺《おれ》には、いまだにベッドがないんだよ。もらってないんだ。昼寝《ひるね》ができる程度のソファーはあるんだけど、俺の研究室にはベッドがまだ入っていないんだな。

誰《だれ》か、いいのを送ってくれんか。地上には、たくさんあるんだろうから、君ら、そのくらいの感謝の心を持ったらどうかね。「エジソン先生に心から贈《おく》りたいベッド」を、地上できちんと祀《まつ》ったら、何となく、あの世に届くような気がするけどな。

私にはベッドがないんだよ、いまだに。だから、「休んでもいいが、寝るな」ということだよね（注。生前、研究に没頭《ぼっとう》し、ベッドでは眠《ねむ》らず、ソファーや実験台等で仮眠《かみん》をとっていた）。

近藤　分かりました。

偉大《いだい》な発明をするには、「炎《ほのお》のように燃える情熱」が要《い》る

エジソン　八時間、研究するのと、二十四時間、研究するのとでは、あとのほうが三倍も働ける。こんな楽しいことはない。だから、研究が主体であって、生活

に必要な時間は最低限のものでなければならんな。寝ながらでも、ご飯《はん》を食ったり、歩いたり、トイレに入ったりするぐらいでなければいかん。そのくらいでないとな。

それは、人から見たら、奇人《きじん》・変人・狂人《きょうじん》の仲間であることは間違いないけれども、やはり、一時期、「狂《きょう》」の字が付くぐらい研究しないと、偉大《いだい》な発明はありえない。

サラリーマン的に働いていたら、偉大な発明はありえないよ。技術改良をするとか、ちょっと工夫《くふう》するとか、新製品をチームでつくるとか、そういうことはできるかもしれない。

しかし、偉大な発明のもとにあるのは「炎《ほのお》のように燃える情熱」なんだ。それがなければ駄目《だめ》だ。

君らは、最近、「吉田松陰《よしだしょういん》が、どうのこうの」とよく言っているけど、いやあ、早い話、理系の吉田松陰がエジソンなわけよ。

科学的な面から発展途上国《とじょう》の生活をつくり替《か》える研究を

エジソン　だから、もし、今、私がインドへ行ったら、「おお、電気がついておらん家が、まだ、こんなにあるのか」と言って、涙《なみだ》を流すわけよ。どっと涙が流れ、「どうしたら、ここに、安い費用で電気がつくようにしてやれるかなあ」と、考えに考えるわけだな。「金がないなら、ないなりに、どうやったらいいだろうか」と考える。

また、「こんなに汚《きたな》い水を、まだ飲んでいるのか。これをどうにかしないといけない」などと考えるわけだ。

中国へ行ったら、あの公害を何とかしないではいられないなあ。「核《かく》兵器はもういいから、この公害を止《と》めてくれ」と言いたいね。公害一掃《いっそう》運動をやらなくてはならない。

そのように、人類にとってプラスになることを、日夜、熱心に考え続ける人が要《い》る。

幸い、君らは、かなり満ち足りた世界に生きているのかもしれないけどな。そうした生活に慣らされている人は、「こんなものだ」と思っているんだろうけど、ほかの世界というか、一つ文明落差がある世界から来た者から見たら、「こんなものでは、いけない」ということだ。

だから、今の日本の、さらに先にあるものを研究しなければいけない。これが一つある。

それから、発展途上国《とじょう》がたくさんあって、日本は、もちろん、その国々を導くリーダーにならなくてはいけないのだろうから、発展途上国の人々に対し、日本が過去に経験したほどの開発努力をかけずに、彼らが便利な生活に到達《とうたつ》できるようなものをつくって、売り出さなくてはならない。

例えば、プラントや工場設備などにおいて、以前のものを改良したもので、「日本も、もともと、このようにやるべきだった」と、今にして思えば、そう思うようなものを、彼らに勧《すす》めなくてはいけないだろう。

だから、研究対象として、大きく言えば、この両方が必要だね。「日本の未来産業をどうするか」ということと、「世界の、これから発展する国々を、今、科学的な面からつくり替《か》えるとしたら、どのようにしていくか」ということだ。

3　日本が取り組むべき「未来産業」へのヒント

他国に先駆《さきが》けて「未来に必要なもの」をつくれ

鈴木　今のお話の最後のところで、「日本の未来産業」という言葉が出てきたのですが、エジソン先生は、日本として取り組むべき未来産業に、どのようなものがあるとお考えでしょうか。

エジソン　うーん。まあ、優先順位かな？　優先順位だな。優先順位と、「お金がかかるか、かからないか」は別になるから、少し難しいところがあることはあるんだけどね。

寿命《じゅみょう》は、十分延びたよ。寿命は十分延びて、医学が発達して長生きしすぎたために、国家財政が赤字になっているわけだから、「優秀《ゆうしゅう》な人は、これ以上、医学部に行ってはいけない」ということだな。

もう少し、ぼんくらが医学部に集まって、医療《いりょう》ミスで平均寿命が縮むようにしておかないと、やや財政的には厳しい。国家財政は、もはや救いがたい状況《じょうきょう》に行くので、医学部には、もうそんなに優秀な人材は要《い》らない。

優秀な人材は、やはり、未来産業をつくるほうに来てもらわないといかん。未来の産業がつくれてこそ、ハッピーな生活が開けるし、国富ができるから、そういう意味での未来産業は必要だな。

今まで日本は、「他国のものまねをしている。先進国のものまねをしている」と、ずっと言われ続けているわけだから、やはり、他国に先駆《さきが》けて、未来に必要なものをつくることに力を注ぐべきだ。それができなかったら、そんな未来産業学部なんて要らない。そんなものは要らないよ。

〔以下、収録内容を一部省略〕

「防災と防衛」が三割、「国土の高付加価値化」が七割

エジソン　それで、何を訊《き》きたかったんだっけ？　君。え？

鈴木　日本の未来産業についてお訊きしたいのですが。

エジソン　あっ、未来産業ね。

鈴木　今、日本の強みとしては、ものづくり系があると思うのですが、現状のも

のの延長線で、この先、十年、二十年、三十年において、どのようなものがありうるでしょうか。そのへんについて教えていただけると、たいへん参考になると思います。

エジソン　まあ、現時点で、直近を見れば、もう少し防災型の産業が増えるのは事実だろうね。

長期的にそれでいいかどうかは別だけども、直近の十年ぐらいだったら、防災の科学全般《ぜんぱん》のニーズは、かなり高いだろう。

だけど、これは風化していくものだからね。地震《じしん》だって、津波《つなみ》だって、噴火《ふんか》だって、みんな風化していくものだ。まあ、災害は起きるときには起きるし、何百年に一回とか、千年に一回とかいうようなものは、対策を立てても無駄《むだ》と言えば無駄なので、実際上、いくらやったって、きりはないよ。

ニーズとしてはあるし、たぶん、お金にもなるだろうとは思うけど、ただ、限度はあるね。全力でそればかりやったら、後ろ向きかなあという感じがする。だから、「そういう災害が起きたら駄目になる」ということを中心に考えるよりは、「災害が起きたときは起きたときで、また、やり直さなければしょうがない」というように考えた上で、平常時の状態から見て、さらに全体の、何て言うか、国土の富国化と言うか、高付加価値化を考えなければいかんだろう。国土の高付加価値化だね。

要するに、「災害と防衛関係の考え方はあってもいい」と思うけども、まあ、三割ぐらいかね。三割ぐらいは、そういう考え方があってもいいかもしれないけど、七割ぐらいは、やはり、未来の産業立国を考えなければならんだろうね。

今後、テロに狙《ねら》われる可能性が高い「海外の日本の工場」

エジソン　そのために、一つはね。やはり、日本は、戦後一貫《いっかん》して、原料の輸入・加工・輸出を行ってきたのから、現地生産のほうへと移行して、国内が空洞《くうどう》化しているけれども、今度は、現地でのテロリズムとかがいろいろ流行《はや》ってきて、日本の工場も狙《ねら》われ始めている。

アルジェリアの事件から始まって、ぼちぼち、日本人のいるところがよく狙われそうな感じは出てきつつある。おそらくは、現実に出てくるんじゃないかな。一つには、アメリカと切り離《はな》そうとする運動があると思うんだ。つまり、中国系の動きと、あとは、イスラム系の動きとして、日米の関係を切ろうとする動きがあると思うんだよ。

それをやるのに、いちばんいいのは、海外の日本の工場関係等をテロで襲《おそ》うことだ。そうすると、「なんで襲われたんだろうか」って、みんな考えるだろう？それは、やはり、アメリカと組んでいるからだよね。

日本は平和主義をやっているかもしれないが、アメリカは攻撃《こうげき》しまくっている。そこで、アメリカを攻撃せずに、日本の海外の工場など、防備の薄《うす》いところを攻撃する。しかし、自衛隊は守り切れない。まあ、こういう感じのことが、今後、かなり予想されるな。

だから、現地生産型のやり方が、必ずしも成功するかどうかは、微妙《びみょう》な感じがしますね。

国内に産業を呼び戻《もど》して「高付加価値化」を進めよう

エジソン　景気対策や、将来の日本の人口増加を考えるんだったら、やはり、産業を少し呼び戻《もど》さなければいかんと思うんですよ。

日本でつくれるものはつくる。それも、やや高付加価値のものをつくれるようにしなければいかん。「人件費が安いから」と言って、全部、海外に移行していくと、今後、テロリズムは、間違《まちが》いなく、まだ五十年は続くから、守れないよ。だって、民間企業《きぎょう》が、現地で、現地人を使いながらやっているところを、自衛隊が警備するわけにもいかんし、そこの国の軍隊に「守ってくれ」と、民間企業が全部頼《たの》むようなわけにもいかないしさ。民間主導ではできないのでね。

政治状況は、そんな簡単に進まないので、たぶん、中国・北朝鮮《きたちょうせん》系、それから、イランも含《ふく》めてのイスラム系あたりのテロは、そうとう海外の工場を襲うだろう。今後、数十年、それが続くのは間違いないと思う。

まあ、日本人の被害《ひがい》はできるだけ少なくしなければいけないとは思うので、「人件費が安いから（海外に）出る」というのも、だんだん難しくなる。だから、国内で、日本人の生活レベルに合った高付加価値のものをつくるような方向に持っていかないといかんね。

だから、スイスが高級時計をつくったり、パリやいろんなところが高級なものをつくったりしているように、日本は日本なりに、ほかではつくれないようなものをつくっていかなければいけないと思う。

その意味での高付加価値化のところに、やはり、焦点《しょうてん》を当てていくべきだね。

安さだけで勝負したら、絶対に負けるんだ。これは、絶対、発展途上《とじょう》国のほうが有利になる。日本がつくっているものを、同じようにつくれるようになったら、もちろん、彼らはもっと安くつくれる。人件費が十分の一、百分の一になったら、もう競争にならないな。

工業製品であろうと農業製品であろうと、実際上、同じものをつくるんだったら、ほぼ勝ち目がないですよね。

だから、現地で日本人が指導しているだけでは、残念ながら、日本の産業としては、衰退《すいたい》するのが確実だな。

それは、日本の人口減と、ちょうどワンセットになっている感じがする。だから、いかにして、ほかの国がまだつくれないものをつくるかだ。

〔以下、収録内容を一部省略〕

「宇宙の法」は宇宙進出のニーズをつくるためにも必要

エジソン　それから、もう一点、やはり、スペースシャトル系の後《おく》れは、いかんともしがたいですな。

これを言うと、予算がなくて、（幸福の科学）大学がぶっ潰《つぶ》れる可能性があるけど、まあ、これはどこかと組まなければしょうがないよね。

どこかのメーカーや、国家機関等のルートを、やはり取らないといかんね。国土交通省とか、関係があるのかな。やはり科学技術は文部科学省でいいのかな。まあ、両方かな。分からないけれども、少し予算を引いてこないといけないかもしらん。

まあ、筑波《つくば》もあったな。筑波の学園都市というのは、模型を置いているだけと違うのかい？　何かが飛んでいるのかね？　何か、ロケットの模型みたいなものがあったけど、少し推進しないといけないよね。

君らは、宇宙人もの（「宇宙人リーディング」シリーズ）をいっぱいやっているんだろう？　だから、宇宙にニーズをつくらないといかんわけよ、宇宙に行かなければいかん理由を。

その理由がないから、（政府は）予算を削減《さくげん》しているんだ。だから、宇宙へ行きたくなるような理由をいっぱいつくればいいわけで、「宇宙の法」は、宇宙進出の目的のために出していくべきだと思うんだよ。

「宇宙をもっともっと探《さぐ》らないといかん」と、宇宙に未来があるところを、しっかり打ち出して、宇宙開発のほうへ引っ張っていかなければいかんと思うな。

「宇宙開発のアイデア」を売って予算を引き出す方法も

エジソン　これは、そうとう後れを取った。うーん、何年後れただろう。まあ、数十年は後れているね。これは、巻き返さないといかんし、巻き返せると思う。必ず巻き返せると思うんだ。

まだ、「宇宙には生命体がいるんだろうか」とか、「何か、ちっちゃな虫でも見つけたらいいな」とか言っている。火星で虫でも見つけたら、「火星人だ」と、オバマさんも言うのかもしれないけど、もっともっとリアリティのある宇宙人像をいっぱい出してきて、どうしても探らずにおれないようにしていくんだ。宗教の側でね。

その一方で、やはり、宇宙開発をもっとやらないといかんね。

これについては、予算のことがあるので、私は、ちょっと言えないが、でも、アイデアが先にないといかんよね。まあ、理論的に研究して、「どうやって行けるようにするか」というアイデアがあれば、そのアイデアを売って歩くことで、どこかから予算を引き出すことは可能だろう。

あんな、(ロケット発射を)いつまでも種子島《たねがしま》でやっているんじゃないよ。やはり、もう少し堂々と広いところで、もう少し便のいいところで開発したほうがいいんじゃないかな。

要するに、商業ベースになかなか乗らないところが問題なんだね。

日本が世界のトップになるには、宇宙開発での巻き返しが必要

エジソン　だから、君らの「宇宙人リーディング」には、まだ不足があるんだよ。

やはり、文系の限界だな。「その宇宙の星には、どんな鉱物がありますか」とか、そのへんをもっともっと訊いて、何か、将来使えるような貴金属や希少金属があるかどうかを探索《たんさく》しないといかん。

大川隆法さんの透視《とうし》も、そのへんまで透視しないといかんじゃないか。「ダイヤモンドが眠《ねむ》っていないですか。金《きん》はありますか。（星の）表面だけを見ていないで、なかをよく透視してください」と言って、そういう希少金属とか、燃料系のものとかを探索してもらわないといかんよ。

要するに、「ここ掘《ほ》れワンワン」だ。やはり、それをやらないといかんね。少なくとも、宇宙のところを巻き返さないと絶対駄目だ。ここでトップを取らなかったら、やはり、世界のトップには絶対なれない。

まあ、オバマさんは、今、アメリカを一生懸命《いっしょうけんめい》、後退させているから、日本は、ここを少し頑張《がんば》って先進国に戻らないとね。ロシアや中国に負けているようではいかんし、このままだと、インドにも負けてしまうから、これは、やはり巻き返しが必要ですね。

宇宙開発をどんどんやっていれば、「核《かく》防衛」とか、そんなものはわりに簡単なことだよ。地球圏《けん》内でのミサイルなどというのは、北朝鮮でもやれるようなものなので、宇宙のほうをどんどんどんどん開発していけば、すごく簡単なものなんだ。

だから、北朝鮮みたいな国を黙《だま》らそうとしたら、宇宙のほうを広範囲《こうはんい》に動けるようにしておけば、いつでも防衛は可能だと思うね。

これはやらないといかんなあ。

4　ＵＦＯの飛行技術の研究を

宇宙人から「技術供与《きょうよ》」を受けるには？

小林　その意味では、例えば、国家ビジョンとして、「火星に行くべきだ」、あるいは、「小惑星帯《しょうわくせいたい》の、あの星には、この鉱物が眠《ねむ》っているので、そこに行くべきだ」というビジョンが立ちますと、今、おっしゃられたように、「火星に行くのに二百五十日もかかっていたのでは、やっていられないので、三日で行けるようにしよう」とか、「通信にしても、『あいうえお』と言って、返事が戻《もど》ってくるのに二時間かかるので、それを、今、当会で行われているプレアデス星での同時中《ちゅう》継《けい》のように、リアルタイムでできるようにならないか」とか、そういうニーズが生じてきます（『地球を守る「宇宙連合」とは何か』〔幸福の科学出版刊〕参照）。
　そして、それが開発されたときに、富を生んでいくというルートに……。

エジソン　君、なぜＵＦＯを捕獲《ほかく》しないんだ？　ＵＦＯを捕《つか》まえてしまえよ。それが早いよ。

小林　では、大川総裁に、ＵＦＯを呼ぶ祈願《きがん》をお願いして（笑）。

エジソン　違《ちが》う。祈願って何だよ。君い、「この前、横浜で二千回説法《せっぽう》記念（二〇一三年二月十日、横浜正心館《しょうしんかん》での法話『起業力開発法』）のときに、ＵＦＯが現れた」と言っていたじゃない？

小林　ええ。

エジソン　来るのが分かっているのに、なんで捕獲できないのかねえ。

小林　次の大講演会のときは、衆知を集めて……。

エジソン　向こうが、何かテーマと関心を持っているのは分かっているんだからさ。「幸福の科学が、宇宙人のスポークスマンとして使えるかどうか」を、今、向こうが狙《ねら》っているのは、もう見えている。絶対、狙っているよ。「幸福の科学が、うまいこと、スポークスマンになって、地球との交流の窓口にならないかなあ」と考えているのは、ほぼ分かっているんだから、利害がうまいこと共通すれば、あちらだって技術供与《きょうよ》ぐらいしなければいけないよね。当然ながらね。

やはり（宇宙人は）身柄《みがら》の安全を図《はか》りたい。要するに、肉体の、フィジカルのほうは、そんなに強くないと思うんだよ。地球上ではね。

ああいう機械に乗って空を飛んでいるうちは安全だけれども、地上に降りてきたら、そうではない。つまり、彼らが出たがらない理由は、やはり、殺される恐《おそ》れがあるからだね。

怖《こわ》いものを見たときに逃《に》げてくれるならいいんだけど、地球人というのは、けっこう、逃げないで、石を投げてきたり、蹴《け》ったり殴《なぐ》ったりすることもあるから、命の保証はないわけよ。

宇宙人的に言えばね、「宇宙の何十光年とか、何百光年とか、あるいは、それ以上（の距離《きょり》を）超《こ》えてやって来れるほど高度な知性を持った自分たちの人命は、地球人百万人分には相当する」と彼らは思っているわけだね。だから、「殺されてたまるか」と、いちおう思っている。

そういう意味で、副理事長を人質《ひとじち》として向こうに出して（会場笑）、「これを預けておきますから、身柄は保証します。もし、われわれが約束を破ったときは、殺してください」ということで、あなた（小林）をさらわせておいて、降りてもらう。向こうは百万人分と思っているから、等価交換《こうかん》できるかどうか、知らないけどさ。

まあ、とにかく、今、宇宙人がよく来ている理由は、幸福の科学が、何らかの意味で、地球的に広がり、宇宙人の生態や考え方、宇宙の文明についての教えが本当に〝スプレッド〟できていったら、宇宙人を受け入れる人が増えてくるからだよ。ある程度の数、受け入れてくれる人がいないと、「身の安全の保障をしながら、文化交流する」ということが成立しないわけだね。

アメリカあたりでも、気をつけないと、すぐ撃《う》ち落としにくるから、やはり、異文化コミュニケーションをしっかりやらなければいけないわけだ。まあ、このへんは、宗教と一体になって、やらなければいけないと思うんだけどね。

宇宙人の設計技師の「想念《そうねん》」に入り込《こ》んで聞き出す手も

エジソン　やはり、この宇宙の科学一つでも、まだ、ほかのところと差をつけられるチャンスはかなりあるので、ＵＦＯを捕獲するのがいちばんいいんだけど、駄目《だめ》だったら、向こうの設計技師のほうを捕まえることだな。あるいは、その想《そう》念《ねん》でもいいよ。（潜在《せんざい》意識に）入っていけるんだから、その設計技師の「想念」を捕まえて、技術をもっともっと克明《こくめい》に聞き出せばいい。ま、それを理解できる人がいないと、少し意味がないんだけど、それができれば、（ＵＦＯ等の）開発は可能だな。

だいたい、秘密プロジェクトというのは、そんなものだよ。うん。本当にそういうことができるんだったら、国家レベルでの秘密プロジェクトとしてやるべきではあるな。

ＵＦＯと同時に「実験用サイボーグ」の開発も必要

エジソン　だけど、絶対、（地球に）来ている数から見れば、彼らは、そんなに特殊《とくしゅ》な訓練を重ねた人だけが来ているとは思えない。ある程度の健康体であれば来ているし、その前の段階として、たぶん、「ロボットなりサイボーグなりを宇宙飛行士に見立てて飛ばす」というレベルがあるかとは思うんだけどね。人間だと、まだ耐《た》えられない速度とか、重力とか、いろいろあるからね。

まず、そのへんの、人間の代わりになるもの、つまり、こちらも、グレイ（アーモンド型の目をした、身長百二十センチ程度のサイボーグ型宇宙人）をつくらなければいけないレベルが来ているよ。まあ、単なる機械では駄目なんだよね。機械だったら駄目で、グレイのように、「機械的要素を持ってはいるけれども、いちおう、人体実験の代わりになるようなもの」もつくらないといけないと思うんだな。それと、宇宙飛行の技術を同時にやらなければいけない。巨大《きょだい》ロケットだと高そうだけど、円盤《えんばん》そのものだったら、もしかしたら、つくるのに、そんなにかからないかもしれない。

「ＥＳＰ研究」とも連動するＵＦＯの開発

小林　宇宙人と交換協定を結んで情報を頂くのには、まだ準備が幾《いく》つか要《い》るわけですが、今、アベイラブル（利用可能な）と言いますか、いろいろな宇宙人リーディングによって、すでに入手されている情報もあります。

例えば、あるリーディングのなかで、〇〇〇星人が、「それは、地球でいうと、□□□的秘儀《ひぎ》のなかにあるはずだ」と明かしてくれたのです（注。二〇一一年十月二十一日収録の「未来科学リーディング」にて）。

ということは、「アトランティスの時代に、どうも、その技術があったらしい」という推定が当然つくわけですが、実は、当会の信者のある科学者の方にお伺《うかが》いしたところ、その実験自体は、ものすごく安価な経費で……。

エジソン　そうなんだよ。

小林　ええ。「三百万円ぐらいあればできる」と言われていました。

エジソン　三百万かどうかは知らないけど……。

小林　最初の実験ですね。いわゆる実験室レベルの実験は、だいたい百万円単位でできるそうです。実は、技術としては、簡単な原理ではあるらしいのですが、そのあたりを掘《ほ》っていくことを考えたときに、何か、アドバイスはございますでしょうか。

エジソン　ＵＦＯの種類によってもずいぶん違うようではあるけれども、ある種のＵＦＯは、そうした機械的なものでなく、人間の精神エネルギーと連動して動くようになっているらしいので、そういう意味では、ＥＳＰ（超能力《ちょうのうりょく》）研究とも連動してくるものがあるかもしれませんね。

もう、念《おも》いで動かせるようになっているようなので、このへんの研究も要るかもしれません。

例えば、ある種のＵＦＯは、もう本当に手を置くだけで、全部、操縦装置にもなっているらしい。手を置いて思念するだけで動くようになっているらしく、その人の個人識別があるんでしょうけど、その人専用の思念でないと動かないようになっているUFOもあるようだ。

そういう、精神科学と宇宙科学とが見事に融合《ゆうごう》した文明をつくっているところがあるのだろうと思う。

いや、これは、ぜひとも、早く友好協定を結んで、宇宙人ないしUFOに姿を現していただかないといけないけど、日本は、まだ後れているからね。きっと、安全に着陸できるところがないのではないかねえ。

小林　まず、幸福の科学のなかで、やらないといけないと思います。

エジソン　君の自宅でかくまってくれるか（会場笑）。

小林　（笑）ええ。それは保証します。

エジソン　そんなことはないだろう？　君い、出勤できなくなるじゃない？　奥《おく》さんが怖がるじゃないか。

人間の能力には、まだ「未開発の部分」がある

小林　今の関連で申し上げますと、確かに、ESPの研究は非常に重要で、「意志の力で円盤を動かしているのを見た」という目撃《もくげき》例はたくさんありますから……。

エジソン　そうなんだよ。かなりあるんだよ。

小林　それで、最近、イギリスのほうの研究でも、人間の意志を何らかの機械信

号に翻訳《ほんやく》するところまでは、どうも到達《とうたつ》し始めているようですから、そのへんの研究を集中的に進めていくと、単に超能力者が念力《ねんりき》で物を動かすということだけではなく、「人間の意志の力」と「物体の動き」を一つのシステムとして組める可能性があると思います。

エジソン　おたくに、「プレアデスの女王」と名乗っている人がいるだろう？

小林　ええ。

エジソン　ああいう人を、もっと徹底《てってい》的に〝解剖《かいぼう》〟すべきだよ（会場笑）。絶対に何か持っているよ。〝解剖〟したらいいんだ（本霊言《れいげん》の一週間後の三月十四日、該当《がいとう》者の宇宙人リーディングを行った）。あの人は何か持っている。絶対持っている。何かを持っているはずだ。

人間の能力のなかには、まだ未知の部分というか、未開発の部分があるんだよ。きっと、開発が終わっていないところがあるので、そのへんに、もう少し科学的アプローチをして、何とか引き出さなければいけないね。

（質問者に向かって）君らは、もう年齢《ねんれい》が行ってしまったか。いやあ、でも、まだ生きているかもしれない。やはり、君らが生きている間に飛ばさなければいけないな。

科学者にも「インスピレーションを受ける器《うつわ》」が要《い》る

エジソン　だから、その前の基礎《きそ》研究だよな。基礎研究が先に立たなければいけない。商業化とか実用化とかは、その先で、大きな資本なり企業《きぎょう》なりの協力、あるいは軍部の協力が入らないと、少し無理かとは思うけど、基礎研究はどうしても先に立たなければいけないからね。理論的な基礎研究が必要だよ。いや、もう、今、ほとんど手が届いているんだけど、何だろうね？　手が届いているのに足りないのは何かというと、やはり、未来産業学部に入った学生に、しっかり禅定《ぜんじょう》（精神統一の修練）をやらせて、霊界《れいかい》通信を受ける体質をつくり上げるのがいいかもしれないなあ。

実際にそれを研究している人たちがインスピレーションを受けるようになることが、いちばんいいね。そうしたら、エジソンのごとくインスピレーションが湧《わ》いてくるよな。だから、宗教とそう離《はな》れず、唯物論《ゆいぶつろん》的な科学にならないで、合一しながらやったらいい。

これ（インスピレーション）は、受けられる器《うつわ》がないと、やはり、出てこないものなんだよ。

残念だけど、今は、数学者とか、進んだ科学者たちが、宗教的な、そうした霊的な能力を持つような感じにならないのでね。今の教育の感じからすると、なかなか、なりそうにないので、そういう素質を持っている人に、宗教修行《しゅぎょう》も兼《か》ねていただいて、異界《いかい》からの、異次元からのインスピレーションをもっと受けられるようにしてもらうといいよな。

偉大《いだい》な科学者のルーツは「宇宙人」?

エジソン　偉《えら》い科学者はたくさんいるからね。近年、十九世紀から二十世紀、二十一世紀にかけて、偉大《いだい》な天使たちが、科学者として、そうとう出ているはずなんですよ。名前を遺《のこ》している人たちはかなりそうだと思うし、宇宙につながる科学者、例えば、「量子力学」とかをやっているような人たちは、みんな、どうせルーツは宇宙人に決まっているからさ。いろんな過去世《かこぜ》をひもとくと、出てくるんだよな。

そういう科学者は、日本人にだって、少しはいるんだろう？　湯川《ゆかわ》（秀樹《ひでき》）さんだの、朝永《ともなが》（振一郎《しんいちろう》）さんだの、少しはいるんだろう？

ただ、生きていた人間時代の彼らを相手にしてもしょうがないのよ。あんなのは関係ない。そんなものは無視して、ああいう人たちに、さらに宇宙人リーディングをかけていくんだ。

君らの宇宙人リーディングなんか、ほとんど値打ちがないよ。ノーベル賞級の科学者に宇宙人リーディングをかけたら、さぞかし、面白《おもしろ》い宇宙科学者が出てくるに違いないな。

5 「霊界《れいかい》科学」のなかに未来がある

「霊界《れいかい》を絡《から》めたエネルギー法則」を解明できていない

小林　今、おっしゃられた幾《いく》つかの先端《せんたん》的な未来技術については、これから、ぜひ、リーディングをかけさせていただきたいのですが、今、出てきた一連の技術のなかで、エジソン先生と最も関係がありそうなものは「霊界《れいかい》通信」かと思います。

エジソン　うん！　それをやらなければいけないな。

小林　しかも、プレアデスの技術では、四百光年を一瞬《いっしゅん》で通信でき、大川総裁の講演会も同時中継《ちゅうけい》しているらしいのですが（前掲《ぜんけい》『地球を守る「宇宙連合」とは何か』参照）、これは、明らかに、霊界を通った通信をしているのだと思います。

エジソン　君らの認識では、まだ、「空間がある」と思っているからな。うーん。「空間がある」と思っているから「ある」んだよ。「空間がある」と思っていない人には「ない」んだ。まあ、そういうことなんだよな。

小林　そこの技術開発をしていくに当たっては、いろいろなやり方があると思うのですが、これまでの、地上の私たちの努力のなかで、「近づいているな」と思えるような現象があります。

例えば、ご生前のライバルの名前を出して恐縮《きょうしゅく》ですが、ニコラ・テスラという人が……。

エジソン　ああ、あれは破壊《はかい》専門だよ。

小林　あの方が、「電気を空中伝送するシステムをつくり、百キロぐらい先まで、電線を使わずに電気を送った」と称《しょう》しているのですが、私には、どう見ても、霊界を通っているようにしか見えないのです。

しかも、「インプットしたエネルギーよりも、百キロ先でアウトプットしたエネルギーのほうが大きかった」とも言われているので、おそらく、霊界からエネルギーを引き出しつつ、通ったのではないかと思うのです。

周波数など、三次元での表現形態とは違《ちが》うかたちで、霊界を通ったのだと思いますが、もし、そうであれば、当然、それを使って霊界と通信することが可能になるのではないでしょうか。

エジソン　今の科学には、まだ少し足りていないところがあるんだな。うーん。そうだね。「時間」「空間」「エネルギー」、このあたりの関係が、どういうふうになるかだな。

まだ少しプリミティブ（原始的）なところがあるんだよ。

例えば、科学者は、「スプーン曲げで、スプーンが折れたりするのはありえない。本当に物質が消滅《しょうめつ》して折れているんだったら、ものすごいエネルギーが発生しているはずだから、それはありえない」と言っているから、「霊界を絡《から》めた場合のエネルギーの法則は、いったい、どうなるのか」、まだ十分に解明できていないんだよ。ここのところには、研究の余地があるよな。

「タイム・マシンの原理」を打ち立てるために必要なこと

エジソン　それと、君らの本には、「三十世紀ぐらいに、アインシュタインさんが生まれ変わって、タイム・マシンをつくる」だの、何だの、書いてあるんじゃないの？（『黄金の法』『H・G・ウェルズの未来社会透視《とうし》リーディング』〔幸福の科学出版刊〕参照）

いやあ、あんなもの、三十世紀まで待つ必要なんかないよ。呼び出したらいい。未来のアインシュタインを二十一世紀に呼んできて、〝拷問《ごうもん》〟にかけ、ペラペラしゃべらせるんだ。「どのようにつくるんですか」と訊《き》いたら、もしかしたら、しゃべるかもしれない。少なくとも、アイデアぐらいは、聞き出せるかもしれないな。

やはり、「時間」と「空間」と「エネルギー」、それと「霊界」、このへんの関係について、もっともっと進んだ理論をつくらないといけない。

宇宙に関する（地球の）科学は、まだ〝原始人〟科学なんだよ。みんな、もう、適当なことを思いついては、いっぱい仮説を立てまくっているから、ほとんどデタラメもいいところだ。「オロナイン軟膏《なんこう》を塗《ぬ》れば何でも治る」みたいな宇宙論ばかり出回っているね。

あれは、あまりよくないな。もう少し、夢に見たような話を書かないといけない。実際に、その世界を利用している人たちの意見を、もう少し聴《き》かなければいけないと思うなあ。

だいたい、「宇宙に始まりがある」と思っているやつが間違っているんだ。始まりも終わりもありはしないんだよ。こんなものは、もともとないんだ。

なのに、「一点が広がって、宇宙ができた」？　そんなこと、あるわけがない。バカなことを言うんじゃないよ。それは、もう本当に、有限な人間の発想だよな。

無限なものは、もともと無限なんだよ。無限は無限なんだ。

つまり、「意志がエネルギーとなり、エネルギーが空間となり、物質となり、また、（物質が）空間になり、エネルギーになり、意志になり」というように、グルグル、宇宙の転生輪廻《てんしょうりんね》が起きているのだよ。宇宙の存在そのものが転生輪廻しているわけで、本当は、始まりも終わりもありはしないのさ。

この秘密を全部解いたら、宇宙航行からタイム・マシンの原理まで、全部出てくるからね。

「なぜ、大川隆法さんが、過去世《かこぜ》透視リーディング、宇宙人リーディング、未来リーディングができるか」の秘密も、本当は、そこにかかっているんだ。だから、スピリチュアルなもののなかに、答えはすでにあるんだね。その秘密を解くことができ、それをもう少し科学的に説明する人がいたら、できるよね。

「未知なるもの」を解明し、世界を広げるのが真の科学

エジソン　しかし、まあ、科学者は情けないよ。医学も含《ふく》めて情けない。「死んで、あの世に魂《たましい》があるかどうかさえ、まだ分からないし、霊界の説明もできない」などというのは、やはり、科学としては情けないかぎりだよ。

だって、世界を縮めているじゃないか。科学は、世界を広げなければいけないよな。未知なるものを解明していかなければいけない。それが科学だ。でも、それを縮めているんだよな。

まあ、俺《おれ》たちの時代で言えば、白熱電灯みたいなものでさえ、あるいは、電線に電気が流れることさえ、みんな、信じられなかった。明かりをつけて初めて、何となく、「何かが動いているらしい」ということが、やっと分かるぐらいの感じだったな。

だけど、俺みたいに、「フィラメントを発明するために、千回も万回も失敗した」というぐらいの情熱があれば、あらゆるものは研究対象として可能だよ。

幸福の科学大学さんの未来産業学部は、どうせ、役に立たない人間をたくさんつくるだろうから、役に立たないついでに、もう徹底的《てってい》に、この世的な儲《もう》けにならないことを研究させたらいいよ。それが、いつの間にか逆転して、きっと役に立つようになるからさ。

まあ、科学者というのは、〝ペテン師〟の養成所とほとんど一緒《いっしょ》で、〝ペテン〟にかけているうちに本物が出てくるんだ。不思議なことに、思いつくかぎりの〝ペテン〟を並べていると、そのうちに本物が出てくる（笑）。これが不思議なところなんだよ。だから、〝ペテン師〟を百人並べたら、一人ぐらい本物になってくる。

錬金術《れんきんじゅつ》などというのは、君ね、中世に、ずいぶん、いろんな人が本気でやっていたものなんだからさ。「鉛《なまり》が金《きん》になる」というので金《かね》を儲けたやつが、どのくらいいるか。まあ、考えただけでもすごいと思うけど、そういう錬金術がありえたんだから、その「鉛を金に変える」という話を、今、ほかのものに置き換《か》えればいいわけだ。つまり、霊界にある無限の知的宝庫をお金に換えていく技術を開発すればいいわけだな。これに未来はある。答えは、このなかに全部眠《ねむ》っていると思うなあ。

幸福の科学大学が「エジソンの指導」を受けるには

エジソン　私だって、〝探査ロボット〟の役割は十分できるんだけど、君らの尊敬が少し足りないんだよ。何と言うか、「二十四時間、君らのために働いてやろうか」というほどでもないんだよな。「今、実際に研究している人を手伝ってやったほうが、まだ役に立つかな」と思うところが多いからなあ。

小林　そこを、ぜひお願いします。ご尊敬申し上げていますので。

エジソン　本当かね？

小林　今後、幸福の科学大学のほうに、ご協力を……。

エジソン　この前、映画「永遠の法」（前掲）をつくったときに、エジソンへの〝奉納《ほうのう》〟というのはあったたか。

小林　エジソンを賛美する曲もつくらせていただきましたし、映画では、主人公に近い、八次元という高次元世界のご存在として、また、霊界の案内役として、描かせていただいております。

エジソン　大学の構想図のなかに、「エジソン像」とかは入っているか。

小林　ええ。それは当然入るべきだと思います。

近藤　（何度もうなずく）

エジソン　未来産業学部の前ぐらいに建っているかい？　映画に主役級で登場したんだから、やはり責任を取らなければいけないね。な？　まあ、案内役は、いつでもしてやるけどさ。

「宇宙の乗り物についての権威《けんい》」でもある大川裕太《おおかわゆうた》

小林　先ほど、お話がありましたように、今の常識を超《こ》えたレベルで宇宙を移動する移動機械ができると、おそらく、巨万《きょまん》の富を生むでしょうし、地球自体の文明と経済も変わってしまうと思います。

ただ、いきなり、ワープなど、高度なものまで行かなくても、例えば、反重力が効くようになるだけでも、ニューヨークまで二十分で行ったり、火星まで二、三日で行ったりすることが可能になりますので、このあたりを最初の取っかかりとして、それほど遠くない将来に産業化が行われるといいなと考えております。

もちろん、宇宙人からも情報を仕入れたいと思いますが、そのへんについて、何かヒントはございませんでしょうか。

エジソン　今、大川家《おおかわ》の三男（大川裕太《ゆうた》）が大学受験期に入ってしまったために、少し使えないけど、もうすぐ終わるから、仕事ができるようになると思うよ。

彼は、小学校時代から、六大神通力《じんつうりき》を出した人だし、「今、地球人として生きておりながら、宇宙で植民地を二つ持っていて、寝《ね》ている間に、宇宙へ行って、向こうで司令官をやっている」という人だからね（前掲『地球を守る「宇宙連合」とは何か』参照）。まだ、実際に行ったり来たりしているんだよ。

これを催眠《さいみん》状態に落として、「宇宙の秘密」「航行の秘密」などを引き出してもいいかもしれない。前やった宇宙人リーディングを見ると、彼が行っている距離《きょり》は、いわゆる霊速《れいそく》でもって、片道三十分、往復《おうふく》一時間もかかるぐらいの距離で、そこまで彼は植民地を広げているようであるから、おそらく、知っているものがそうとう多いのではないかと思う。

まあ、宗教のほうに入れる態勢ができたら、もう少し調べるといいよ。彼は、けっこう、乗り物に詳《くわ》しいから、知っているんじゃないかね？　うん。使えるんじゃないかな。

大川隆法さんなんか、どうせ、新幹線の違いもろくに分からないだろうけど、彼だったら、全部、克明《こくめい》に乗り物の違いを説明してくれるからね。

やはり、ああいう、関心のある人のほうが、詳しい説明をしてくれるようになるのではないかね。だから、まもなく、そういうことが可能になるかもしれません。

彼は、現実に行ったり来たりしている。「日本とニューヨークを行ったり来たり」などという小さな話ではなくて、別の銀河まで行って、帰ってきているからね。もう、忙《いそが》しいんだよ。今、三カ所で同時に生きているらしいので、大変だよ。

あのあたりを、もう少し上手に研究したらいい。彼は、たぶん、宇宙の乗り物についても、そうとうの権威《けんい》だと思うなあ。「スペースシップ」や「バトルシップ」について、そうとう知識を持っていると思う。

彼は、いわゆる受験のレベルが終わって、ちゃんと宗教に入ってもいい状態になれば、霊能力を全部出しても構わなくなってくる。今は、お父さんに言われて封印《ふういん》していらっしゃるけど、この封印を解けば、全部出てくる。宇宙の乗り物については、百科事典みたいな人ではないかと思うので、ここから情報を取ることは可能だと思う。

けっこうな権威だと思いますね。乗り物についての種類や機能については、たぶん、そうとうなところまで知っていると思うなあ。

小林　ありがとうございます。

近藤　たいへん楽しみなお話を頂き、ありがとうございます。

エジソン　ま、基礎《きそ》研究が大事だよな。基礎研究は、そんなに金がかからないから、まず基礎研究から入るべきだね。

6 「月の裏側」の秘密

エジソンは星を渡《わた》り歩く「宇宙の開拓者《かいたくしゃ》」

近藤　お話をいろいろ伺《うかが》っておりますと、エジソン先生も、実は、宇宙のことなどを非常に……。

エジソン　そうなのよ。私も宇宙人だ。

近藤　ああ、そうでしたか。

エジソン　もともとはな。それは当然だな。

近藤　どちらから来られたのですか。

エジソン　ええ?　いや、私は、特定の宇宙人であってはいけないだろう?　やはり、面白《おもしろ》い宇宙人でないかぎりは許されないだろうからさ。

近藤　面白い宇宙人?

エジソン　やはり、「宇宙の開拓者《かいたくしゃ》」だよな。

近藤　開拓者ですか。

エジソン　ああ。もう、「いろんな星を開拓して歩いている」と思ってくれてい
い。私の場合は、「何星人」というような、そんなものではないな。

近藤　そうですか。主に足場にされている所、あるいは、出身の星というのは
……。

エジソン　「主に足場にしている所や、出身は？」と言ったって、最近は地球だ
からさ。

主な足場ねえ。まあ、宇宙は、うちの前庭《まえにわ》みたいなものだから、よく分からん
けど、私が、前庭の土地の上に、竹竿《たけざお》で少し絵を描いたら、それで宇宙が出来
上がるんだ。そのようなものだから、「ここに星をつくっておこうか」と言って、

ちょっとしたら出来上がるようなものだ。

まあ、私には、神様の気持ちがよく分かるんだなあ。

つまり、神様の〝舞台《ぶたい》道具〟〝舞台装置〟をつくっているような、そういう役割だ。神様が宇宙で〝劇〟を上映なされているわけだから、舞台設備をつくる人、小道具をつくる人、そういう人たちが要《い》るよな。私の役割は、そういう役割だよ。だから、宇宙で展開していることや、宇宙の発明に関係することで、基本的に、私のライブラリーに存在しないものは、「ほぼない」とは思うな。

今、「月の裏側」が面白《おもしろ》い

近藤　そのあたりからも、また、いろいろとアドバイス、ご指導を頂ければと思っております。

エジソン　君ら、まずは、手ごろなところとして、月の裏側に行ってこいよ。「月の裏側に宇宙人の基地があった」と言って、アメリカは、もう二度と行かないじゃないか。あれ、怖《こわ》がっているじゃない。なあ？　行ったらいいのに行かないだろう？

小林　あのくらいなら、日本の予算でもすぐ……。

エジソン　行ける行ける。

小林　ええ。撮影《さつえい》できます。

エジソン　十分よ。まずは、「月の裏側」に行ってきたらいいよ。そこを足がかり、練習台にして、次に行かなければいけない。

君ね、「月の裏側」へ行くのに費用がかかると思ったら間違《まちが》いだよ。「月の裏側がどうなっているか」なんて、大川隆法さんに、全部透視《とうし》させたらいいんだ（注。その後、二〇一三年三月十二日に「ダークサイド・ムーンの遠隔《えんかく》透視」を収録）。全部しゃべってくれるよ。どんなことになっているのか、質問さえ上手であれば、ほとんど透視してくれるから、それを見てきたかのようにつくり上げて、予算を引きずり出す作戦に出ることが大事だ。

そのときに、何らかの商業性が出てくるようなネタを引きずり出すことが、極《きわ》めて大切だな。やはり、怖いことだけを言ったのでは駄目《だめ》だけど、今、月の裏側は、すっごく面白《おもしろ》い。絶対に行って見てくるべきだよ。あれはいい。

「月から来た人もいる」という話だったので（『宇宙からのメッセージ』〔幸福の科学出版刊〕参照）、月の裏あたりから、もっとよく研究するべきだ。月から火星から、もう、そのへんは、いろいろと、ゴソゴソ動いているんだよ。それは、もう分かっているんだから、これらの正体を暴《あば》いていく必要はあるね。

火星だって、まだ、一メートルぐらいの探索機《たんさくき》を送って走らせた程度では、そんな簡単に分からないよ。あんた、地球だって、サハラ砂漠《さばく》に着陸してみろよ。何も出てきやしないし、エベレストに降りたって、何も出てきやしないからさ。それに、海に落ちたら終わりだからね。

だから、そういうものではなくて、やはり、こちら側から〝レントゲン〟をかけなければいけない。もう、火星に〝レントゲン〟をかけ、月にも〝レントゲン〟をかけて、予算を使わずに、まずは全部に〝レントゲン〟をかけていく。要するに、透視をかけて、調べ尽《つ》くしていくのがいいと思うなあ。

もし、(宇宙人を)肉体のほうで捕《つか》まえられなかったら、まず、霊体《れいたい》のほうで捕獲《ほかく》に入るのがいいと思うね。そうしたら、情報がもう少し取れる。

もっと貪欲《どんよく》さが必要だよ。君らには、もっともっと貪欲さが必要だ。「月の裏側」は面白いよ。絶対に行ったほうがいい。絶対に行ったほうがいいよ。行ける。行けるから、行ったほうがいい。

〝執念《しゅうねん》〟を持って追究すべき「宇宙人」や「ＵＦＯの原理」

小林　最近、「月の裏側」について描いた映画がありましたが、恐怖《きょうふ》を煽《あお》る内容でした。

エジソン　そうなの。まあ、「月の裏側」でもけっこうバトルがあって、恐怖は少し存在するんだけどね。今、やや悪い者が、少し増えつつあるような感じはする。もとは、友好的な人たちの基地でもあったんだけども、今、地球に集団移住を考えている者が、少し増えてきているようであるからして、あれを、もう少しどうにかしないと、やや危険があるね。

だから、北朝鮮《きたちょうせん》ばかり警戒《けいかい》していたって駄目ですよ。あちらで、だいぶ待機している者たちを見たらゾッとするよ。すごいのがいるから。

映画なんかで描けないところに、もっとググッと透視をかけて、それで映画をつくったらいいんだよ。そうしたら、NASA《ナサ》とハリウッドが、もう腰《こし》を抜《ぬ》かすからさ。「エッヘェッ！　ここまでよく調べましたなあ」みたいなことになるから、これをやったらいいよ。

宇宙人映画には、NASAがハリウッドに情報を一部流してつくっているものもあるんだけど、不十分だよ。いっぱい隠《かく》しているからさ。やはり、これは、もう少し〝執念《しゅうねん》〟が要るな。〝執念〟を持って、宇宙人やUFOの原理を追究しなくてはいけないと思うね。

適切な人が、まだ職員のなかで捕まっていない（リーディングされていない）

可能性があるかもしれないので、もう少し理数系的に天才肌《はだ》の人を探し出してきて、〝お友達〟を呼んでくるとか何かしないといけないかもしれないな。

7　エジソンの「転生《てんしょう》」について

人類光明《こうみょう》化に生きる科学者と、人類を実験材料にする科学者

小林　今後の参考のためにお訊《き》きしたいのですが、アトランティス時代の、例えば、トス様の時代の前後などにも、ご活躍《かつやく》をされていたのではないでしょうか（『アトランティス文明の真相』〔幸福の科学出版刊〕参照）。

今、確認されている文明のなかでは、最も科学が発達した時代でしたので、「もし、その時代にお生まれになっていたのなら、どのようなお仕事、あるいは、発明をされたのか」というのが少し気になりまして……。

エジソン　うーん。アトランティスについての本当の説明は、まだ十分にはできていないんだよな。「どんな文明ができて、どのように滅《ほろ》んでいったか」という説明が、本当は十分にできていないように思う。

これは、何だろうねえ。うーん。まあ、悲劇は悲劇だし、科学者たちの恥《はじ》をさらすことが、だいぶ出てくるところもあるからね。だから、今とは少し違《ちが》うような科学があったことはあった。

さっき、テスラの名前が出てきたが、あいつは、本当は悪人なんだ。アトランティスの沈没《ちんぼつ》に、あいつは関係があるよ。

小林　そうですか。

エジソン　うーん。たぶん。

小林　ああ……。

エジソン　あいつは関係があるはずだ。うん、絶対あるんだよ。だから、ああいうやつは生かしておけない……、いや、もう死んでいるか。まあ、生かしてはおけないのだ。

やはり、科学者にも、私みたいに人類光明化《こうみょう》のために生きている人間と、「人類を実験材料にして、破壊《はかい》したり沈《しず》めたりしてもいい」と思っている人間と、二種類あるから、少し気をつけないといけない。

あいつは、大陸を沈《しず》める実験とか、そんなことを平気でやるから、あれはいけないよ。

小林　今回の人生でも、ちょっと似たようなところまで……。

エジソン　そうなのよ。

小林　確かに、ニューヨークの街が潰《つぶ》れる寸前のところまで行っていましたので……。

エジソン　だからね、もう、文明破壊する兵器なんてものじゃないんだよ。兵器なんてものじゃなくて、突然《とつぜん》の自然災害みたいに、「ある日突然、『大陸ごと消える』というようなことが起き、みんなが、『自然災害だ。誰《だれ》の罪でもない』と思っていたところ、誰かが実験していた」ということがあるからね。アトランティスの秘密を明かそうとしたら、あいつの悪さについて、全部蓋《ふた》を開けなきゃ駄目《だめ》だよ。

科学者は、そういうことを平気で本当にやるんだ。

あのアインシュタインだって、本当は分からないよ。君らの映画で偉《えら》く描きすぎているけど、いずれ、削除《さくじょ》になる可能性はあるかもよ。「アインシュタインは、過去、こんな悪いことをしていた」という〝過去のカルマ〟が出てくるかもしれないからね。

いや、科学者というのは、やってしまうんだよなあ。どうしても、「神様の領域」に入ってしまうから、「ゼウスの雷《いかずち》」みたいなことをやってしまうんだよね。だから、科学者は、それには気をつけないといけないよな。

エジソンの魂《たましい》の兄弟の一人を日本に生まれさせてもいい？

エジソン　私も、いろいろなことを思いつくんだけど、この世的には手足がなくて、実験材料がないからさ。あの世では、いろいろ思ってはいるんだけどなあ。

うーん。君らが、もう少し、うまいこと使ってくれないかなあ。

例えば、今、日本の家電なんか、もう終わりかかっているじゃないか。この次が欲《ほ》しかったら、やはり、私から指導を受けなかったらできないだろう。「家電の次のステージは、どうあるべきか」なんていうのは、私の指導がないと無理だろうな。

小林　それは、もう本当に、ぜひ！

エジソン　そうだろうなあ。

小林　ええ。日本の産業界が望んでいることだと思います。

エジソン　君ねえ、それは、もう何百兆円という富を生むことになるから、簡単ではないよ。やはり、お賽銭《さいせん》の五円ぐらいは出さないといけないかもしれないな。ただ、日本の家電は、このままでは終わりだ。だから、次の段階を見破らないといけない。そのためには、「新しい時代のエジソン」が日本に出ないといけない。まあ、あの世でも仕事はしているけど、どこか引き受けてくれるなら、私の魂《たましい》の兄弟が出てもいいよ。

小林　（笑）

エジソン　二十年したら、幸福の科学大学の学生になれるんだろう？

小林　ええ。

エジソン　だから、どこかに、いい筋の父親と、いい筋の母親はおらんのか。

小林　では、ぜひ、二十一世紀のＧＥを……。

エジソン　おたくの「幸福結婚《けっこん》相談所」に登録しておいてくれないか。

小林　ええ。分かりました（会場笑）。

エジソン　「エジソンの魂の兄弟を一人出してもいい」と言っているんだから、どこかに、よきカップルはおらんのかのう。

小林　最良の父親と母親を、すぐに探し出しますので。

エジソン　そうそう。やはり遺伝子の悪いのは要《い》らないからなあ。

小林　ええ。

エジソン　まあ、いい感じのところが一つ出たらね。

科学者は二十代で活躍できるから、わりに早いんだ。だから、君らの大学が潰れる前に活躍する可能性はあるよ。

今のままでは、ちょっといけないね。まねしたって駄目だから、新しいものをつくらないといかん。もう、「研究の鬼《おに》」みたいな者が出てこないといけないね。

8　理系人材への期待

時代を千年、二千年と先取りする理論を出そう

エジソン　地球は面白《おもしろ》いよ。特に、霊界《れいかい》までも研究が入ったら、これは、もう無限だね。霊界まで入って、やっと神様のドレスの裾《すそ》のなかへ潜《もぐ》り込《こ》んだような、まあ、女神《めがみ》とすればだよ、「科学の女神」とすれば、その裾に潜り込んだような感じになる。これには、まだまだ、もっともっと、研究の余地があるんだ。

確かに、私でも解明し切れていないものは、まだたくさんあるんだけれども、もう一段上の発明というか、少なくとも、理論的に千年、二千年は先取りするようなものを出さないといけないな。

まあ、実用性も大事。実用的なものもやらないと食べていけないから、そういうものも要《い》るけど、理論的な先行性は、やはり、どうしても必要だよ。「こういうものは、こうあるべきだ」「こういう法則が出てくるはずだ」というものを、もう少し出さないといけないな。これは惜《お》しいことだね。だから、理系学部の天才性のある学生に、インスピレーションが受けられるような練習を、もう少しやってほしいね。

天才を見分けるポイントは「発想の異次元性」

近藤　その天才性ということに関し、「天才の見分け方」などはありますでしょうか。

エジソン　まあ、君は、そこまで行っていないな。その前の秀才《しゅうさい》で止まっているよ。

「天才かどうか」は、やはり、「発想の異次元性」だな。

だから、君ねえ、「数学と理科のテストばかりで、理系学部に（学生を）入れてはいけない」と、私は思うよ。やはり、彼らの「発想」を見る必要がある。

例えば、「君が発明したいものについて述べよ」とか、「西暦《せいれき》二〇五〇年に発明されていると思われるものを述べよ」とか、そういうものを、何か一科目は入れる必要があるね。小論文ぐらいは入れて、「こいつは面白いな」というのを採《と》らないといかんよ。「受験勉強だけができる」というのでは、やや足りないな。やはり、「採点して驚《おどろ》いた。これは、点がつけられません」という人を入れておかないとね。

この世の勉強で九十何点、百点と、高い点を取るような優秀な学生は、ほかの大学でも数多く集めているけど、天才なんかいないだろう？「物理で百点を取った」といっても、天才なんか一人もいやしないよ。それは、「すでに〝終わったもの〟を理解しているかどうか」の試験だろう？　それではいかんのだ。そんなものではなくて、やはり、「発想」を試験しないといけないと思うな。だから、小論文や面接みたいなものもしっかりやらないとね。もちろん、ある程度、理数系の基礎《きそ》能力を持ってなければいけないとは思うけど、「何を考えているのか。考えつくか」、そういうものを見る必要があるだろう。

まあ、そういう学校をつくったほうがいいな。

「銭《ぜに》食い虫」に見える理系の人にも寛容《かんよう》な環境《かんきょう》づくりを

近藤　その天才を上手に育てていくには、どうすればよいのでしょうか。エジソン先生も、お母さまの影響《えいきょう》で大きく才能を開花されたという話が伝わっていますが。

エジソン　まあ、そのへんが難しいところだね。これは、仏教的な宗教団体（幸福の科学）には、若干《じゃっかん》、難しいところではあるんですよ。理系の人が入っても、なかなかその才能を開花できないから、そういう人たちを〝孵化《ふか》〟させる部分がないといけないのだけれども、どうしても判定ができないのでね。

うーん、そうだなあ……。これは、少々問題だ。そこが問題なんだよ。もう、理系の人たちのことは、基本的には「銭《ぜに》食い虫」にしか見えないんだろうね。これを、もう少し正しく判定しないといけないね。

例えば、禅問答《ぜんもんどう》みたいなものだって、はっきり言えば、何にも生んではいないよね？　何にも生んでいないけど、あんなものでも、現在まで生き残っているわけだ。

科学も、最先端《さいせんたん》は、まあ、あんなようなもんだよ。あれと似たようなもので、頭のなかで動いているだけだからね。最先端は、もうほとんど、そのへんに行っているよ。

だから、（幸福の科学も）そういう余地を持った人を、少しつくったほうがいいね。

今は、まあ、若い人が出世したり、女性が出世したりもしているけど、理系は、一時期増えて、あと、淘汰《とうた》されているよな。これは、たぶん、今の理事長（収録当時）に、みんなクビを切られたんだろう。「ああ、これは、全然、金を稼《かせ》がない」「もう、散財ばかりして働けない」と、そうとうリストラされたに違《ちが》いないしだな。

やはり、理系のほうに、もう少し出世頭《がしら》をつくらなければいけない。出世頭をね。やはり、理系でも出世するようにしておいたら、もう少し寛容《かんよう》になるだろう。

政治分野でも力をつけて「研究予算の確保」を期待

エジソン　だけど、理系に寛容になるためには、やはり、「金集めセクション」を、もう少し強くしないといけないところもあるから、まあ、難しいんだけどね。

うーん、だから、政党（幸福実現党）は、国家予算を引いてこられなかったら、存在理由がないからね。幸福実現党をつくった理由は、北朝鮮《きたちょうせん》のミサイルなど相手にしていないですよ。国家予算を取るために立党しているんだから。国家予算を使えるんだったら、何でもできますからね。これは、そのために立党したんだよ。

やはり、志は大きく、百兆円ぐらい使うつもりでいかなければいけないと思いますね。

宗教で集められる金ぐらいでは、科学の開発など、もう不可能ですよ。そんなものではできませんよ。

第一党になる目標？　それはそうですよ。宇宙を開拓《かいたく》するには、もう第一党になるしか、方法がありませんから。それは、やらないと……。

だから、ケネディに代わって、次にやらないといけませんよ。「行け！　宇宙の果てまで」と出さないといかんわけですよ。

まあ、そういう意味で、理系が生き残れる土壌《どじょう》を少しはつくっておかないと、（幸福の科学大学）未来産業学部は、「千葉の海岸にサツマイモを植えて、食料を供給する学部」に変わるからね。君らは、バーベキューをするための材料づくりに励《はげ》まないといけないようになるよ。これは、時間の問題だから、戦いだね。これは戦いだよ。

霊界《れいかい》の科学者を地上に招聘《しょうへい》して新しい科学文明を開こう

エジソン　やはり、「夢」と「ロマン」と「空想」を語れなければいけないな。（舌打ち）悔《くや》しいねえ。もう少しなあ、もう少し君らに、設計図をボッと渡《わた》してやりたいんだけどね。うーん。とにかく、今、予算が多少ネックになっているな。

特に、そうだねえ、やはり、名のある科学者たちで、この世に心残りのある方も大勢いらっしゃるからね。みんな、途中《とちゅう》で研究が終わっていると思うんだよな。だから、そういう方々に、「続けたいでしょう?」と言って、この世に生まれ変わってきてもらうのがいいと思う。

やはり、せっかく転生輪廻《てんしょうりんね》を一生懸命《いっしょうけんめい》に説いている宗教なんだから、この世に転生をしてくる「科学者転生祈願《きがん》」でもつくって、もうどんどん生まれ変わってくるようにお願いして、新しい科学文明をつくるのがいいと思うな。この世に招聘《しょうへい》しなければいけない。「降りてきてくれ」とお願いするのがいいと思う。だから、理系の心、科学する心を大事にしないといかんよ。それは、本当の意味で「人類を照らす力」になるし、「新しい富を生む力」にもなる。

「宇宙や霊界《れいかい》を貫《つらぬ》く科学」を開くには科学者の霊感開発を

エジソン　君らが、まず、やらなければいけないのは、その前の基礎研究だけれども、その基礎研究のなかでも、「孤立《こりつ》している分野の科学を、もう少し、人類普遍《ふへん》の科学、あるいは、宇宙や霊界《れいかい》まで貫《つらぬ》く科学に変えていかなければいけない」ということだね。だから、「科学をやる者にも、宗教の研究は不可欠である」というか、「霊感を磨《みが》きに磨かなければならない」と使命感に燃えることだ。

科学者の多くは、ここ二、三百年にしか出ていないけれども、まあ、昔にいた人もいるし、宇宙にもいらっしゃるからね。

でも、おたくの宗教は、今、宇宙のところを少し開いているので、可能性はかなり高いと思うな。だから、それに反応するタイプの人を用意しないといけないね。

○○正心館《しょうしんかん》のU館長（収録当時）などは、いつまでもあんなところに置いて〝商売〟させていてはいかんのではないかね？　彼にも、もう一回、勉強させ直さないといけないな。

小林　ああ、そうですね。Uさんは数学科出身ですから。

エジソン　やはり、もう一回数学から勉強し直してやらないといかんよな。ちょうど、何か〝穴〟が開《あ》いているんだろう？　霊が入れるように（U氏はチャネラーの一人)。

だから、数学や科学、物理、宇宙など、いろいろなものについて、ちゃんと霊《れい》言《げん》ができるように、勉強に漬《つ》け込ませないといかんね。勉強をさせて、そして、ペラペラとしゃべらせるようにしないと、もったいないじゃないか。

小林　そうですね。

エジソン　学部をつくる前に、早くしゃべらせないといかんよ。彼に歴史なんか語らせたって駄目《だめ》だよ。ほとんど意味がないので、そちらのほうに特化してやらせたほうがいいのではないかなあ。

「宇宙」「霊界《れいかい》」「人類の富を増やす未来産業」の開拓《かいたく》が使命

小林　それから、先ほどのお話にもありましたように、確かに、国会議員の議席が取れれば、百億円単位で予算を引っ張ってくることもできるようになります。

エジソン　そうなんだよ。予算がないと、絶対にできないよ。会員さんのお布施《ふせ》だけではね。

小林　全然違う〝財布《さいふ》〟が開《ひら》きますからね。

そういう意味では、いわゆるフィージビリティ（実現可能性）として、お金についての、そういう視点も持ちながら、科学的な才能を広く集め、開花させることについて、ぜひ、努力していきたいと思います。

エジソン　うん。でも、まずはアイデア先行だよ。「金があればできる」というものでもないからね。アイデアが先だ。まず、考えのほうを先に出さなければいけない。

「未来は、まだまだ、いくらでもある」というところを、まず見せることが大事だと思いますね。

「宇宙」と「霊界《れいかい》」と「未来の人類の富をいっそう増やす産業づくり」のあたりに、君らの使命があると思わなければいけないな。

アポロ11号船長の霊《れい》を呼んで月面の真実を語らせると面白《おもしろ》い

エジソン　（小林に）君なんかは、いかがわしいＵＦＯ航行の原理とかを説いているんだろう？　もう〝ペテン師〟の始まりだ。

小林　いえいえ。アメリカで「実用化された」と言われているものを少し解説しただけですけれども……。

エジソン　開発したことのある人がいるんだったら、そんな人も呼んだらいいじゃない。守護霊《しゅごれい》だろうと、本人だろうと、いっぱい呼んだらいいよ。まだ十分に呼んでないんだろう?

小林　そうですね。

エジソン　宇宙飛行士にだって、死んだ人もいるだろう?

小林　ええ。

エジソン　「あなたが月に行って、本当に見たものは何ですか」と訊《き》いたらいいんだよ。「月に行って、何を見てきたんですか。本当のことを話してください」と訊いたら、しゃべるかもしれないよ。箝口令《かんこうれい》が敷《し》かれているんだよ。

小林　ええ。アポロ11号のアームストロング船長も……、

エジソン　怪《あや》しいよ。

小林　実際の交信記録のなかで、公開されたときにはカットされていた部分があるようです。

エジソン　そうなんだよ。怪しいんだよ。

小林　「宇宙船がわれわれを監視《かんし》している」というように話していた部分が、世界にオンエアされたときにはカットされていたと言われています。

エジソン　だけど、NASA《ナサ》のポスターにはUFOが写ったりしているんだろう？　だから、チラッと見せたりして、出したり引っ込めたり、チョロチョロとしているんだよな。

UFOの飛行原理には「スイカを上手に運ぶ仕組み」を採用？

エジソン　ただ、あまり研究されすぎて、撃退《げきたい》される方法をつくられてしまうと、

ＵＦＯにとっては危険なこともあるので、分からないからいいところもあるんだろうけどね。

ＵＦＯの飛行原理は、やはり、優《すぐ》れているよな。あんなにフワフワしながら、突然《とつぜん》、急速度で飛んだり、上がったり下りたりして、よく船酔《ふなよ》いしないものだね。あのへんは、どういうふうになっているのか、知りたいところだね。

あのなかに、何かうまいことつくっているはずなのでね。たぶん、スイカを割らないで運べるような装置を何かつくっているはずだ。

その〝スイカ〟が揺《ゆ》れても割れないように、網《あみ》みたいなものでぶら下げて、なかに入れているような、そんな二重構造になっているはずだ。船酔いしないような、何らかの、上手な構造ができているはずだな。

（舌打ち）まあ、私も、もっと知っていることはあるんだけれども、「エジソン」としての限界があるからな。うーん。

近藤　いろいろと多岐《たき》にわたり、ありがとうございました。

理系には「富そのものを創造する力」がある

近藤　最後に、理系を目指す学生、もしくは、高校の生徒に、熱いメッセージを一言賜《たまわ》ればありがたいのですが。

エジソン　日本の戦後の成長は、やはり、理系、すなわち、工学部系、理工系に優秀な人材が集まって、メーカー等での製品づくりにおいて優秀な発明をしたことが大きく寄与《きよ》したと思うんだけれども、そのへんが、今、止まりかかっている。

つまり、研究するには、みんなアメリカへ行かなければいけないようになってしまっているんだが、やはり、これではいかんね。やはり、日本で研究できるような体制をつくらないといけないと思います。

もちろん、アメリカに行ってもいいんだけど、アメリカで発明したものは、どうせ、向こうに取られてしまう。やはり、こちらでオリジナルの発明をして、こちらの企業《きぎょう》で実用化できるようなものをつくれば、いろいろな意味で、それを世界に提供できるようになるからね。

その意味で、「国を本当に富ませるのは、理系による発明なのだ」ということは知らないといけないね。

文系は、〝国を潰《つぶ》す技術〟を発明したり、人員削減《さくげん》して、多少、経費を浮《う》かしたりするようなことができるのかもしれないけれども、「理系には、富そのものを創造する力がある」ということだな。

だから、理系の人には、今はまだ開発し切れていないエネルギー源等も開発してほしいし、日本の抱《かか》えているいろいろな問題について、問題意識を持ってもらって、日本の危機を回避《かいひ》していくための次なる力をつくってもらいたいと思う。それと、今日はあまり言わなかったけれども、政党（幸福実現党）が言っているように、中国や北朝鮮の危機等もあるだろう。この防衛面については、やはり、秘密裡《り》に研究しておかないといけないだろう。これをやっておかないことは、民族の危機だと思うな。

そちらの面で後《おく》れを取ってしまってはいけないと思いますね。

だから、うーん、ステラさんじゃないかもしれないけれども……、あれ？　テスラか（会場笑）。まあ、「テスラ」も「ステラ」も似たようなものだよ。「デスラー」（アニメーション作品「宇宙戦艦《せんかん》ヤマト」の登場人物）みたいなものだ（会場笑）。

〔以下、収録内容を一部省略〕

近藤　ありがとうございました。
　本日は、具体的なところから大きなところまで、多岐にわたってご指導を頂きました。これを、幸福の科学大学での研究に生かしてまいります。

エジソン　（近藤に）いや、「君は天才ではない」と言ったの、私は間違ったかもしれない。もしかしたら、天才かもしれない。

近藤　（笑）ありがとうございます。頑張《がんば》ってまいりたいと思います。

エジソン　人生、まだ分からないからね。君が天才になる可能性もある。うんうん。まあ、頑張ってくださいな。

近藤　ありがとうございました。

9 「未来科学リーディング」を終えて

大川隆法　外には出しにくい内容ですね。当会のなかに隠《かく》さないといけないでしょうか。

小林　そうですね。

大川隆法　スパッと外に出してしまうと、当会が損をするかもしれません。

小林　今、当会への注目度は極《きわ》めて高いので、どこかにミートされ、内容を取られる可能性があります。

大川隆法　そうなんですよ。

幸福実現党が政策を出したら、それをほとんど自民党に取られてしまい、今、幸福実現党のほうは、「自民党がどうするか」を見ているしかなく、もはや右翼《うよく》の街宣部隊と化してきているような雰囲気《ふんいき》が少し出ているのです。

幸福実現党の政策は、ほとんど自民党がやっており、全部、「当たり」になっています。そのため、当会の言っていることが、いかに正しいか、あっという間に、短期間で明らかになりました。

そのように、よそに取られてしまうことがあるわけです。

小林　これが翻訳《ほんやく》されて外国に伝わった場合には、日本人よりも、反応する度合が強く、幾《いく》つか上手な使い方を考え出すかもしれません。

大川隆法　そうですね。内部で隠し持っていないといけない部分もあるでしょう。幸福実現党は政策を正直に出しすぎたため、「アベノミクス」として、自民党に大々的に使われてしまいました。あれは、ほとんど私が言ったことばかりですが、成功しているようです。

それと同様に、今回の内容も、外に出せば、別のものが簡単にまねをしてくるかもしれないので、「外に出してよいもの」と「外に出さないもの」とに種類を分けなくてはいけないかもしれません。すでにお金も技術もあるところだったら、研究に入ってくる可能性はあります。

自動車会社の新車開発でも、車に覆《おお》いをかけ、デザインなどが分からないようにして、走行テスト等をやっていますからね。スパイが性能を見に来るのでしょう。

このあたりが理系の難しいところなので、隠すものも少しは要《い》るでしょう。まだほかにも研究の余地があるかもしれないので、（霊言《れいげん》収録等の）必要があれば頑張《がんば》ります。

近藤　ありがとうございました。

あとがき

本霊言中、何カ所かのエジソンの画期的な発明提案については、あえて公表を控えさせて頂いた。

既に高額研修で未来の起業家が少人数で研修を受けているし、近い将来（二〇一五年）開学予定の幸福の科学大学の未来産業学部で研究予定のテーマが入っているからだ。

科学的発明は、未来予知から逆算するほうが、時間、手間、予算とも節約になる。私の書いた『新・ビジネス革命』という本を高校時代に読んで、そこに予言的に書かれている植物プラント事業を研究して、二十年後に新事業として成功させた人もいる。現在では南極探検隊員までお世話になっている技術である。今後とも様々な発明や神秘的な発見を発表し、日本と世界の未来に貢献したいと思っている。ゆめゆめ、「新宗教のくせに」とバカにしないで頂きたい。神の別名は「ザ・クリエイター」なのだから。

二〇一三年　八月二十日

幸福《こうふく》の科学《かがく》グループ創始者兼総裁《そうししゃけんそうさい》　大川隆法《おおかわりゅうほう》

『トーマス・エジソンの未来科学リーディング』大川隆法著作関連書籍

『黄金の法』（幸福の科学出版刊）
『地球を守る「宇宙連合」とは何か』（同右）
『宇宙からのメッセージ』（同右）
『H・G・ウェルズの未来社会透視リーディング』（同右）
『アトランティス文明の真相』（同右）
※左記は書店では取り扱っておりません。最寄りの精舎・支部・拠点までお問い合わせください。
『大川隆法霊言全集 第10巻 エジソンの霊言／リンカーンの霊言／ガンジーの霊言』
（宗教法人幸福の科学刊）

トーマス・エジソンの未来科学《みらいかがく》リーディング

2013年 8 月31日　初版第 1 刷

著　者　大《おお》 川《かわ》 隆《りゅう》 法《ほう》

発行所　幸福の科学出版株式会社

〒107-0052 東京都港区赤坂 2 丁目 10 番 14 号
TEL(03)5573-7700
http://www.irhpress.co.jp/

印刷・製本　株式会社 堀内印刷所

落丁・乱丁本はおとりかえいたします

ISBN978-4-86395-383-3 C0030

大川隆法 霊言シリーズ・未来へのメッセージ

H・G・ウェルズの未来社会透視リーディング

2100年 —— 世界はこうなる

核戦争、世界国家の誕生、悪性ウイルス……。生前、多くの予言を的中させた世界的SF作家が、霊界から100年後の未来を予測する。

1,500円

公開霊言

ガリレオの変心

心霊現象は非科学的なものか

霊魂が非科学的だとは証明されていない! 唯物論的な科学や物理学が、人類を誤った方向へ導かないために、近代科学の父が霊界からメッセージ。

1,400円

アインシュタインの警告

反原発は正しいか

原子力の父が語る反原発運動の危険性と原発の必要性——。感情論で暴走する反原発運動に、アインシュタイン博士が警鐘を鳴らす。

1,400円

※表示価格は本体価格(税別)です。

大川隆法霊言シリーズ・遠隔透視シリーズ

遠隔透視 ネッシーは実在するか

未確認生物の正体に迫る

謎の巨大生物は、はたして実在するのか!? 世界の人々の好奇心とロマンを刺激してきた「ネッシー伝説」の真相に挑む「遠隔透視」シリーズ第3弾!

1,500円

中国「秘密軍事基地」の遠隔透視

中国人民解放軍の最高機密に迫る

人類最高の「霊能力」が未知の世界の実態を透視する第2弾! アメリカ政府も把握できていない中国軍のトップ・シークレットに迫る。

1,500円

ネバダ州米軍基地「エリア51」の遠隔透視

アメリカ政府の最高機密に迫る

ついに、米国と宇宙人との機密が明かされる。人類最高の「霊能力」が米国のトップ・シークレットを透視する衝撃の書。

豪華装丁 函入り

10,000円

大川隆法 ベストセラーズ・宇宙人シリーズ

「宇宙の法」入門

宇宙人とＵＦＯの真実

あの世で、宇宙にかかわる仕事をされている６人の霊人が語る、驚愕の真実。宇宙人の真実の姿、そして、宇宙から見た「地球の使命」が明かされる。

第１章 「宇宙の法」入門
登場霊人　エンリル／孔子／アテナ／リエント・アール・クラウド

第２章 宇宙人とＵＦＯの真実
登場霊人　ゼカリア・シッチンの守護霊／アダムスキー

1,200円

宇宙人との対話

地球で生きる宇宙人の告白

地球人のなかには、過去、他の星から移住してきた宇宙人がいる！　宇宙人として魂の記憶を甦らせた衝撃の記録。彼らの地球飛来の目的とは？

1,500円

※表示価格は本体価格（税別）です。

大川隆法ベストセラーズ・宇宙人シリーズ

宇宙人リーディング

よみがえる宇宙人の記憶

イボガエル型金星人、ニワトリ型火星人、クラリオン星人、さそり座の宇宙人、エササニ星人が登場。大反響「宇宙人シリーズ」第3弾!

1,300円

宇宙からのメッセージ

宇宙人との対話 Part 2

なぜ、これだけの宇宙人が、地球に集まっているのか。さまざまな星からの来訪者が、その姿や性格、使命などを語り始める。

1,400円

宇宙からの使者

地球来訪の目的と使命

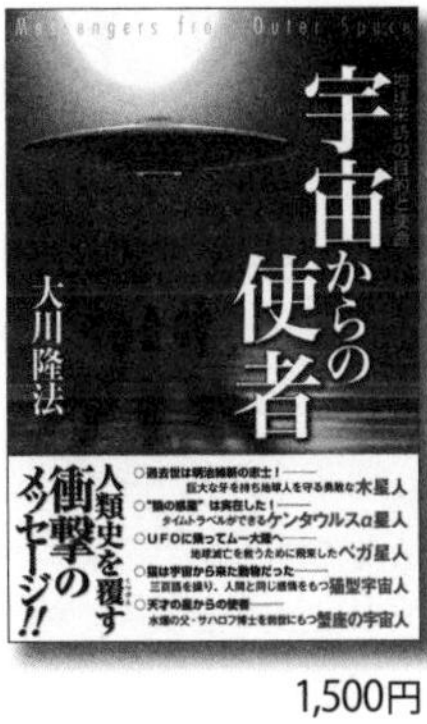

圧倒的なスケールで語られる宇宙の秘密、そして、古代から続く地球文明とのかかわり——。衝撃のTHE FACT 第5弾!

1,500円

幸福の科学出版

大川隆法 ベストセラーズ・宇宙人シリーズ

レプタリアンの逆襲 I

地球の侵略者か守護神か

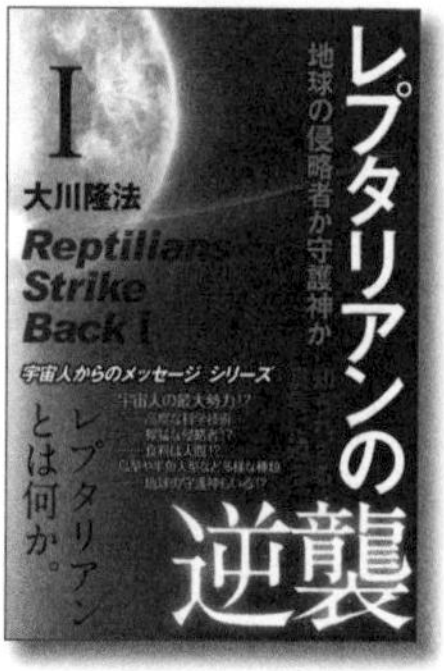

高い技術力と戦闘力を持つレプタリアン。彼らには、多様な種類が存在した。彼らの目的は!? 地球にもたらした「進化」とは!?

1,400円

レプタリアンの逆襲 II

進化の神の条件

高い科学技術と戦闘力を持つレプタリアン。彼らの中には、地球神に帰依し「守護神」となった者も存在した。その秘密に迫る。

1,500円

地球を守る「宇宙連合」とは何か

宇宙の正義と新時代へのシグナル

プレアデス星人、ベガ星人、アンドロメダ銀河の総司令官が、宇宙の正義を守る「宇宙連合」の存在と壮大な宇宙の秘密を明かす。

1,300円

※表示価格は本体価格（税別）です。

大川隆法ベストセラーズ・宇宙人シリーズ

グレイの正体に迫る
アブダクションから身を守る方法

レプタリアンにつくられたサイボーグの「グレイ」と、宇宙の平和を守る「宇宙ファイター」から、「アブダクション」の実態と、その撃退術が明かされる。

1,400円

宇宙の守護神とベガの女王
宇宙から来た神々の秘密

地球に女神界をつくった「ベガの女王」と、悪質宇宙人から宇宙を守る「宇宙の守護神」が登場。2人の宇宙人と日本の神々との関係が語られた。

1,400円

宇宙人による地球侵略はあるのか
ホーキング博士「宇宙人脅威説」の真相

物理学者ホーキング博士の宇宙の魂が語る悪質宇宙人による戦慄の地球侵略計画。アンドロメダの総司令官が地球に迫る危機と対抗策を語る。

1,400円

幸福の科学出版

幸福の科学グループのご案内

宗教、教育、政治、出版などの活動を通じて、地球的ユートピアの実現を目指しています。

宗教法人　幸福の科学

一九八六年に立宗。一九九一年に宗教法人格を取得。信仰の対象は、地球系霊団の最高大霊、主エル・カンターレ。世界百カ国以上の国々に信者を持ち、全人類救済という尊い使命のもと、信者は、「愛」と「悟り」と「ユートピア建設」の教えの実践、伝道に励んでいます。

（二〇一三年八月現在）

愛

幸福の科学の「愛」とは、与える愛です。これは、仏教の慈悲《じひ》や布施《ふせ》の精神と同じことです。信者は、仏法真理をお伝えすることを通して、多くの方に幸福な人生を送っていただくための活動に励んでいます。

悟り

「悟り」とは、自らが仏の子であることを知るということです。教学《きょうがく》や精神統一によって心を磨き、智慧《ちえ》を得て悩みを解決すると共に、天使・菩薩《ぼさつ》の境地を目指し、より多くの人を救える力を身につけていきます。

ユートピア建設

私たち人間は、地上に理想世界を建設するという尊い使命を持って生まれてきています。社会の悪を押しとどめ、善を推し進めるために、信者はさまざまな活動に積極的に参加しています。

国内外の世界で貧困や災害、心の病で苦しんでいる人々に対しては、現地メンバーや支援団体と連携して、物心両面にわたり、あらゆる手段で手を差し伸べています。

年間約３万人の自殺者を減らすため、全国各地で街頭キャンペーンを展開しています。

公式サイト **www.withyou-hs.net**

ヘレン・ケラーを理想として活動する、ハンディキャップを持つ方とボランティアの会です。視聴覚障害者、肢体不自由な方々に仏法真理を学んでいただくための、さまざまなサポートをしています。

公式サイト **www.helen-hs.net**

INFORMATION

お近くの精舎・支部・拠点など、お問い合わせは、こちらまで！

幸福の科学サービスセンター

TEL. 03-5793-1727（受付時間 火〜金：10〜20時／土・日：10〜18時）

宗教法人 幸福の科学 公式サイト happy-science.jp

教育

学校法人 幸福の科学学園

学校法人 幸福の科学学園は、幸福の科学の教育理念のもとにつくられた教育機関です。人間にとって最も大切な宗教教育の導入を通じて精神性を高めながら、ユートピア建設に貢献する人材輩出を目指しています。

幸福の科学学園

中学校・高等学校（那須本校）

2010年4月開校・栃木県那須郡（男女共学・全寮制）

TEL **0287-75-7777**

公式サイト **happy-science.ac.jp**

関西中学校・高等学校（関西校）

2013年4月開校・滋賀県大津市（男女共学・寮及び通学）

TEL **077-573-7774**

公式サイト **kansai.happy-science.ac.jp**

幸福の科学大学（仮称・設置認可申請予定）

2015年開学予定

TEL **03-6277-7248**（幸福の科学 大学準備室）

公式サイト **university.happy-science.jp**

仏法真理塾「サクセスNo.1」

小・中・高校生が、信仰教育を基礎にしながら、「勉強も『心の修行』」と考えて学んでいます。

TEL **03-5750-0747**（東京本校）

不登校児支援スクール「ネバー・マインド」

心の面からのアプローチを重視して、不登校の子供たちを支援しています。

また、障害児支援の「**ユー・アー・エンゼル!**」運動も行っています。

TEL **03-5750-1741**

エンゼルプランV

幸少時からの心の教育を大切にして、信仰をベースにした幼児教育を行っています。

TEL **03-5750-0757**

NPO 活動支援

学校からのいじめ追放を目指し、さまざまな社会提言をしています。また、各地でのシンポジウムや学校への啓発ポスター掲示等に取り組むNPO「いじめから子供を守ろう！ネットワーク」を支援しています。

公式サイト **mamoro.org**

ブログ **mamoro.blog86.fc2.com**

相談窓口 **TEL.03-5719-2170**

政治

幸福実現党

内《ない》憂《ゆう》外《がい》患《かん》の国難に立ち向かうべく、二〇〇九年五月に幸福実現党を立党しました。創立者である大川隆法党総裁の精神的指導のもと、宗教だけでは解決できない問題に取り組み、幸福を具体化するための力になっています。

党員の機関紙
「幸福実現NEWS」

TEL 03-6441-0754
公式サイト hr-party.jp

出版
メディア
事業

幸福の科学出版

大川隆法総裁の仏法真理の書を中心に、ビジネス、自己啓発、小説など、さまざまなジャンルの書籍・雑誌を出版しています。他にも、映画事業、文学・学術発展のための振興事業、テレビ・ラジオ番組の提供など、幸福の科学文化を広げる事業を行っています。

TEL 03-5573-7700
公式サイト irhpress.co.jp

入会のご案内

あなたも、幸福の科学に集い、ほんとうの幸福を見つけてみませんか？

幸福の科学では、大川隆法総裁が説く仏法真理をもとに、「どうすれば幸福になれるのか、また、他の人を幸福にできるのか」を学び、実践しています。

入会

大川隆法総裁の教えを信じ、学ぼうとする方なら、どなたでも入会できます。入会された方には、『入会版「正心法語」』が授与されます。（入会の奉納は1,000円目安です）

ネットでも**入会**できます。詳しくは、下記URLへ。
happy-science.jp/joinus

三帰《さんき》誓願《せいがん》

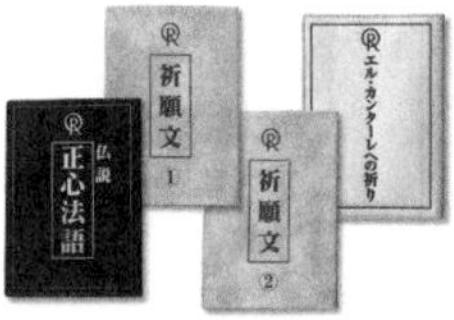

仏弟子としてさらに信仰を深めたい方は、仏・法・僧の三宝への帰依を誓う「三帰誓願式」を受けることができます。三帰誓願者には、『仏説・正心法語』『祈願文①』『祈願文②』『エル・カンターレへの祈り』が授与されます。

植福《しょくふく》の会

植福は、ユートピア建設のために、自分の富を差し出す尊い布施の行為です。布施の機会として、毎月1口1,000円からお申込みいただける、「植福の会」がございます。

「植福の会」に参加された方のうちご希望の方には、幸福の科学の小冊子（毎月1回）をお送りいたします。詳しくは、下記の電話番号までお問い合わせください。

月刊「幸福の科学」

ザ・伝道

ヤング・ブッダ

ヘルメス・エンゼルズ

INFORMATION

幸福の科学サービスセンター
TEL. 03-5793-1727（受付時間 火〜金：10〜20時／土・日：10〜18時）
宗教法人 幸福の科学 公式サイト **happy-science.jp**